**Bibliografische Information der Deutschen Nationalbibliothek:**

Die Deutsche Bibliothek verzeichnet diese Publikation in der Deutschen National-
bibliografie; detaillierte bibliografische Daten sind im Internet über http://dnb.d-
nb.de/ abrufbar.

**Impressum:**

Copyright © 2018 GRIN Verlag
Druck und Bindung: Books on Demand GmbH, Norderstedt Germany
ISBN: 9783668881624

**Dieses Buch bei GRIN:**

https://www.grin.com/document/458234

Max Lautenschläger

# Die Geschichte der (Spät-)Aussiedler in Nachkriegsdeutschland. Ein Beispiel gelungener Remigration?

GRIN Verlag

FACHARBEIT

**Die Geschichte der (Spät-)Aussiedler in Nachkriegsdeutschland**

**- ein Beispiel gelungener Remigration?**

**Verfasser**  : Max Lautenschläger

**Bearbeitungszeit** : 6 Wochen

**Abgabetermin** : 26. Februar 2018

# Inhaltsverzeichnis

# 1. Einleitung

*"Dort waren wir die Deutschen [...], hier sind wir die Russen"* [1]

Mit diesem Satz wehklagen die meisten Russlanddeutschen über ihre missliche Lage, ob zu damaligen Zeiten in Russland oder auch nun in Deutschland. [2] Aufgrund meiner eigenen russlanddeutschen Wurzeln bin ich weitaus interessiert, mehr über die Geschichte meiner Vorfahren zu erfahren. Ich will die Geschichte und die Leiden der Russlanddeutschen in sowjetischen Zeiten auf den Grund gehen und dem Leser veranschaulichen, wie es überhaupt zu einer deutschen Bevölkerung in Russland kam. Ich werde jedoch nur grob auf das Leben der Deutschen in Russland eingehen, da eine genauere Betrachtung viel zu sehr von meinem Thema ablenken würde, in welchem ich mehr auf das Leben in Deutschland eingehen will. Abschließen werde ich den historischen Kontext mit der Auswanderung der Deutschen aus Russland. Ich werde mich in dieser Facharbeit primär dem Schlagwort „Integration" zuwenden, da diese, ob sie denn nun gelungen ist oder nicht, ausschlaggebend für die Antwort auf die Frage ist, ob man die russlanddeutsche Remigration in verschiedener Hinsicht als gelungen ansehen kann oder nicht. Deshalb widmen wir uns vor allem den Integrationshilfen/- problemen und den damit verbundenen Vorurteilen gegenüber den Russlanddeutschen. Mit den Vorurteilen werden wir uns mit einer Statistik kritisch auseinandersetzen, um so ein neutrales Bild darüber zu bekommen. Um im Endeffekt ein Fazit zu erhalten, welches sowohl die gute als auch schlechte Seite der Remigration mit einschließt, betrachten wir auch das Gelungene an der Remigration genauer.

In dieser Facharbeit werde ich häufig den Begriff „Integration" verwenden, weshalb ich ihn genauer erläutern möchte. „Integration" ist in unserem Falle das Einbinden von Migranten in die Gesellschaft. Dieses Einbinden kann man grob in zwei verschiedene Arten aufteilen: einmal die sozial/ kulturelle Integration, die beispielsweise die Kommunikation und das Zusammenleben zwischen Migranten und Einheimischen betrifft, und die wirtschaftliche Integration, die mehr auf das Verhältnis zwischen Migrant und Arbeit eingeht.

---

1 http://www.bpb.de/gesellschaft/migration/russlanddeutsche/249842/geschichte-der-russlanddeutschen-ab-mitte-der-1980er-jahre/ 05.03.2018
2 http://www.deutsch-tuerkische-nachrichten.de/2013/07/482247/aussiedler-sind-enttaeuscht-dort-waren-wir-deutsche-hier-sind-wir-russen// 23.02.2018

## 2. Historischer Kontext

## 2.1 1763-1871: Einlandungsmanifest Katharinas II. und das Einleben der Deutschen in Russland

Es begann schon in dem frühen 13. Jahrhundert, in dem sich Deutsche in das Gebiet des heutigen Russlands niederließen. Diese waren zumeist Bauern, Handwerker und Kaufleute, die angeworben wurden, wobei sie nach vollendeter Arbeit jedoch das Land wieder verließen.[3] Aufgrund des Fachkräftemangels in Russland publizierte die damalige Zarin Katharina II., eine aufgeklärte Absolutistin, das sogenannte „Einladungsmanifest" vom 22. Juli 1763, welches vor allem ausländische Siedler anwarb, die folglich mit einer Reihe von Privilegien ausgestattet wurden.[4] Diese Einladung gilt als eine ihrer ersten Amtshandlungen, nachdem sie durch einen Staatsstreich und der Abdankung ihres Mannes Peters III. an die Macht kam.[5] Der Zweck des Manifestes bestand darin, wirtschaftliche und sozial-kulturelle Fortschritte zu erreichen, da vor allem deutsche Bauern als sehr erfahren im landwirtschaftlichen Bereich galten. Das „Einladungsmanifest" erregte vor allem in Bayern, Rheinland, Baden, Hessen und der Pfalz großes Aufsehen.[6] Die Einladung in den Gebieten Russlands einzuwandern, wurde mit großer Freude aufgenommen, da viele Deutsche in diesem Zeitraum unter den vielen Religionskriegen und den Folgen des Siebenjährigen Krieges, welcher von 1756 bis 1763 andauerte, litten. Den angeworbenen Deutschen wurden unter anderem Religionsfreiheit, 30 jährige Steuerfreiheit, finanzielle Starthilfe, Befreiung vom Militärdienst, lokale Selbstverwaltung und Sprachfreiheit zugesichert.[7] Diese Versprechungen wurden primär durch Kirchen und Zeitungen verbreitet. Daraufhin wanderten deutsche Bauern, Handwerker und Kaufleute nach Russland aus, in der Hoffnung auf ein besseres Leben. Man schätzt die Gesamtzahl der Auswanderer im Zeitraum von 1764 bis 1767 auf etwa 30.000.[8] Jedoch betraten nach der langen Reise viele

---

3 Vgl. Petrova, Alena: Zur kulturellen Identität der Russlanddeutschen. o.O., o.J., S. 2
4 Vgl. Karlin, Elisabeth/ Feustel, Natalie/ Sonntag, Anna: Die Russlanddeutschen. Deutsche Geschichte in Russland, o.O, o. J., S. 3-4
5 http://www.dw.com/de/russlanddeutsche-und-katharina-die-gro%C3%9Fe/a-16960108; 23.01.2018
6 http://wolgadeutsche.org/katharina-die-grosse-und-das-einladungsmanifest/ 26.01.2018
7 Vgl. Radenbach, Niklas/ Stephan, Viola/ Rosenthal, Gabriele: Brüchige Zugehörigkeiten. Wie sich Familien von "Russlanddeutschen" ihre Geschichte erzählen, Frankfurt am Main, 2011, S. 40
8 http://www.bpb.de/gesellschaft/migration/dossier-migration/56417/russlanddeutsche?p=all/ 01.02.2018

Auswanderer in diesen Jahren den russischen Boden nicht, da sie infolge von Krankheiten und Hunger schon auf der Hinreise starben. Die Überlebenden wurden zunächst in das Wolgagebiet, der Schwarzmeerregion und die Stadt Saratow gebracht. Nach der Ankunft erhielten sie je nach Standort zumeist 30 oder 70 Hektar Land zur Verfügung, welches sie dann bebauen sollten.[9] Jedoch war die Enttäuschung nach der Ankunft groß, da sie feststellen mussten, dass ihnen manche der versprochenen Freiheiten und Privilegien gewährt wurden. Ihnen wurde beispielsweise verwehrt, ihre erlernten Handwerksberufe in ihren neuen Wohnorten auszuführen. Auch das Gebiet, in welches sie kamen, konnten sie nicht frei wählen, sondern sie wurden gezielt in den Ländereien, in denen die Russen am meisten Unterstützung benötigten, niedergelassen. So wurden ihnen nicht nur die versprochenen Freiheiten und Privilegien verwehrt, sondern auch die erhoffte, aber nicht vorhandene Infrastruktur, die vielen Seuchen, die Klimaänderung und auch die Vielzahl von feindlichen Überfällen machten die Einwanderer zu schaffen.[10] Die Wirtschaft konnte so nicht ihren Lauf nehmen und eine Entwicklung schien in weiter Ferne zu sein.

Nach diesen anfänglichen Schwierigkeiten konnten sie, durch die Hilfe der russischen Regierung, in ihrem neuen Gebiet Fuß fassen, sodass man es schon fast als „Wohlstand" bezeichnen könnte.[11] Statt einer Stagnation blühte die Wirtschaft in den deutsch-russischen Gebieten regelrecht auf. Es zeigten sich überwiegend in dem Wolgagebiet große Erfolge: die Einwanderer entwickelten sich wirtschaftlich gesehen rasant durch die neuen Errungenschaften in der Agrarwirtschaft, wodurch sie schon nach kürzester Zeit mit dem russischen Markt kooperierten. Aber auch die Bevölkerungsanzahl stieg stetig, da die durchschnittliche Familie um 1816 aus etwa sieben Leuten bestand.[12] So arbeiteten die fleißigen Bauern, Handwerker und die geschickten Kaufleute auf den Höfen, in ihren eigenem Handwerksbetrieb oder auf dem russischen Markt. Sie besaßen eine gut ausgebaute Infrastruktur mit ihren eigenen deutschen Zeitungen, Kirchen und sogar eigenen deutschen Schulen. Man zählte in der Mitte der 1860er-Jahre im gesamten russischen Reich

---

9 http://www.dw.com/de/russlanddeutsche-und-katharina-die-gro%C3%9Fe/a-16960108/ 06.02.2018
10 http://www.bpb.de/gesellschaft/migration/dossier-migration/56417/russlanddeutsche?p=all7 06.02.2018
11 Vgl. Petrova, Alena: Zur kulturellen Identität der Russlanddeutschen. o.O., o.J., S. 5
12 http://www.bpb.de/gesellschaft/migration/russlanddeutsche/252006/von-der-anwerbung-unter-katharina-ii-bis-1917/ 06.02.2018

900.000 Menschen deutscher Herkunft. Folglich wurden die Kolonien der deutschen Einwanderer so weit ausgedehnt, sodass sie im 19. Jahrhundert von der nördlich gelegenen Stadt St. Petersburg bis zum südlichen Tiflis reichten.[13] Man schätzt die Zahl der deutschen Kolonien im Zeitraum von 1763 bis 1862 auf mehr als 3.000.[14]

## 2.2 1871-1945: Von Alexander II. bis zum Stalinismus

Nach jahrelangem Wohlstand, Wirtschaftswachstum, solider Bevölkerungsentwicklung und einer scheinbar gute Stellung im russischen Reich wendete sich das Blatt überwiegend unter der Herrschaft Alexander II..[15] Die Reputation der Deutschen ging in den 1870er Jahren allmählich verloren, da vor allem ihr Reichtum den Neid der Russen, von denen manche sogar auf den Feldern der Einwanderer arbeiteten, auf sich zog. Es verschlechterte sich aber nicht nur die inländische Beziehung der fleißigen Deutschen und Russen, sondern auch die politische Relation zwischen Deutschland und Russland begann schrittweise zu bröckeln, was das gegenseitige Feindbild nochmals betonte. Aufgrund des verlorenen Krimkrieges im Jahre 1856 versuchte der Kaiser Alexander II. das Reich mit verschiedenen Reformen zu stärken, welche primär die deutsche Bevölkerung, die Russland im Krimkrieg materielle Hilfe geleistet hatte, beeinflusste. So wurden beispielsweise die versprochenen Privilegien, welche Katharina II. in dem „Einladungsmanifest" den deutschen Einwanderern gewährte, fast komplett abgeschafft.[16] Es mussten alle deutschen Einwanderer Steuern zahlen und auch das ihnen so wichtige Selbstbestimmungsrecht, welches ihnen unter anderem erlaubte, ihren eigenen Dorfführer ohne staatlichen Einfluss zu wählen, wurde abgeschafft. Sie wurden gezwungen, Wehrdienst zu leisten, nicht nur um im Militär auszuhelfen und dem Staat damit Hilfe zu leisten, sondern die Regierung hatte auch die Absicht die kulturell abgeschotteten Deutschen durch die Kommunikation und der Gemeinschaft mit den Russen ihre Sprache näher zu bringen, da die meisten Deutschen die russische Sprache nicht beherrschten.[17] Es

---

13  http://www.dw.com/de/russlanddeutsche-und-katharina-die-gro%C3%9Fe/a-16960108/
    06.02.2018
14  http://www.bpb.de/gesellschaft/migration/dossier-migration/56417/russlanddeutsche?p=all7
    06.02.2018
15  Vgl. Frank, Fabian: Soziale Netzwerke von (Spät-)Aussiedlern . Eine Analyse sozialer
    Unterstützung aus sozialarbeiterischer Perspektive, Freiburg, 2011, S.41
16  Vgl. Petrova, Alena: Zur kulturellen Identität der Russlanddeutschen. o.O., o.J., S. 5-6
17  Vgl. Karlin, Elisabeth/ Feustel, Natalie/ Sonntag, Anna: Die Russlanddeutschen. Deutsche

folgte zulasten der Einwanderer der Versuch der „Russifizierung", also die Maßnahmen, die Deutschen in die Kultur und Sprache der Russen zu integrieren.[18] Aus diesem Grund wurde angeordnet, dass viele Deutsche ihr Dorf zeitweilig verlassen müssten, um im Kontakt mit den Russen zu kommen und auch an deutschen Schulen wurde Russisch 1891 zum Pflichtfach. Den Deutschen in Russland gefielen jedoch diese Veränderungen nicht, da insbesondere die pazifistischen Mennoniten die Wehrpflicht aus religiösen Gründen ablehnten. Folgendermaßen entschieden sich etwa 300.000 Deutsche, darunter eine Menge Mennoniten, nach Süd- oder Nordamerika auszuwandern.[19]

Das wahre Grauen und die schrecklichen Leiden der Deutschen in Russland begannen jedoch erst zu späteren Zeiten. Grund für dieses Leid stellte wesentlich die „Entkulakisierung" dar: die Kulaken, also die wohlhabenden und zu meist selbstständigen Bauern, wurden enteignet, exekutiert oder deportiert.[20] Es entstanden durch die Enteignung und der Forderung von viel zu hohen Abgaben viele Hungersnöte auf dem sowjetischen Gebiet, welche eine Vielzahl von Toten zur Folge hatte. Davon betroffen waren vor allem die deutschen Einwanderer. Es kam ab der Machtübernahme Josef Stalins im Jahre 1927 aber noch zu viel schlimmeren Verbrechen: die Deutschen in Russland, welche nicht nur als wohlhabend galten, sondern auch zu Zeiten des Deutsch-Sowjetischen Krieges als mögliche Staats- und Volksfeinde angesehen wurden, brachte man in die sogenannte „Trudarmee", in der sie harte körperliche Arbeiten unter schlechten klimatischen Bedingungen vollbringen mussten. Diese Arbeiter waren zu meist an der Entwicklung von „Industrieanlagen, Bahnlinien, Straßen, Kanälen sowie im Bergbau"[21] beteiligt, weit entfernt von der Front, um so sicher zu gehen, dass sie sich nicht gegen Russland im Krieg mit Deutschland stellen würden. Um einen möglichen Verrat auszuschließen, exekutierte man schon bei einem kleinen Verdacht die Betroffenen. Andere wurden wiederum nach Sibirien deportiert, wo

---

Geschichte in Russland, o.O, o. J., S. 5
18  Vgl. Radenbach, Niklas/ Stephan, Viola/ Rosenthal, Gabriele: Brüchige Zugehörigkeiten. Wie sich Familien von "Russlanddeutschen" ihre Geschichte erzählen, Frankfurt am Main, 2011, S. 41
19  http://www.kfi.nrw.de/zuwanderung/Aufnahmeverfahren_Spaetaussiedler/Geschichte_Russlan ddeutsche/index.php/ 06.02.2018
20  http://www.russlanddeutschegeschichte.de/geschichte/teil3/stalin/entkula.htm/ 06.02.2018
21  http://www.kfi.nrw.de/zuwanderung/Aufnahmeverfahren_Spaetaussiedler/Geschichte_Russlan ddeutsche/index.php/ 06.02.2018

sie sich wieder einmal neu aufbauen mussten. Dies hielt bis zum Kriegsende stand.

## 2.3 Auswanderung in die Bundesrepublik Deutschland

Nachdem die Deutschen in Russland so viel Leid erfahren hatten, schien es wieder bergauf mit der deutschen Bevölkerung auf dem sowjetischen Boden zu gehen. Durch den Besuch des damaligen Bundeskanzlers Konrad Adenauer durften sie ihre Gebiete, in denen sie aus Vorsicht deportiert worden waren, wieder verlassen und in andere Siedlungsgebiete ziehen, jedoch nicht in ihrem damaligen Wohnort zurückkehren. Es folgte 1994 ein Schreiben von dem Obersten Sowjet, welches eine Teilrehabilitierung vorsieht und den Schaden, den die Deutschen unter Stalin erlitten hatten, zum Teil wiederherstellte.[22] Trotz Verbesserung der Lage wurde der Wunsch nach der Rückkehr in das alte Heimatland aufgrund der schweren Vergangenheit immer größer. Der Amtsantritt des damaligen Generalsekretärs Michail Gorbatschow im Jahre 1985 erweckte in den eingewanderten Deutschen Hoffnung. Durch die zwei wesentlichen Aspekte der Politik Gorbatschows, nämlich „Perestroika" ( Umgestaltung ) und „Glasnost" ( Offenheit ), sah man eine tiefgreifende Veränderung des strukturellen Systems kommen, welche sich schon im Mauerfall 1989 in der DDR widerspiegelte, wozu Gorbatschow einen wesentlichen Beitrag geleistet hatte. Überwiegend durch die umgesetzten Reformen kam es dazu, dass Gorbatschow mit dem früheren Bundeskanzler Helmut Kohl häufiger sprach, sodass eine Auswanderung der Deutschen von Russland und die Einwanderung der Deutschen nach Deutschland ermöglicht wurde.[23] So kam es zu riesigen Zahlen an deutsch-russischen Einwanderern: zwischen 1990 und 2000 kamen jährlich mehr als 100.000 Russlanddeutsche in ihre alte Heimat, 1993 und 2000 sogar über 200.000. Von 1990 bis 2010 zählt man etwa 2.8 Millionen Einwanderer aus dem russischem Gebiet und Umgebung.[24]

---

22  http://www.kfi.nrw.de/zuwanderung/Aufnahmeverfahren_Spaetaussiedler/Geschichte_Russlan
     ddeutsche/index.php/ 06.02.2018
23  https://mbook.schule/rd/mbook/7-neuere-und-neueste-geschichte-der-russlanddeutschen/
     06.02.2018
24  http://www.bpb.de/gesellschaft/migration/dossier-migration/56417/russlanddeutsche?p=all/
     06.02.2018

## 3. Art der Migration

Da der Schwerpunkt meines Themas auf die Rückwanderung liegt, werden wir uns die Migration zu und in Russland nicht genauer widmen, sondern legen wesentlich Fokus auf die Wanderung nach Deutschland.

Die Einwanderung der Russlanddeutschen kann man in zwei große Migrationsformen einteilen: zum einen der Ost-West-Wanderung, zum anderen der Arbeitswanderung. Die Russlanddeutsche Remigration wurde wesentlich durch die Wiedervereinigung Deutschlands hervorgerufen. Während sich der Osten Deutschlands wieder mit dem Westen Deutschlands verband, konnten Russlanddeutsche frei nach Deutschland zurückkehren. So kam es dazu, dass Migranten aus dem Osten in den Westen kamen.

Die Russlanddeutsche Migration gilt auch als Arbeitswanderung, da der wesentliche Beweggrund der Russlanddeutschen vor allem die Hoffnung auf eine bessere Wirtschaft und Arbeit in Deutschland war, weshalb man sie auch als „Wirtschaftsflüchtlinge"[25] bezeichnet.

## 4. Aufnahmeverfahren

Schon in den Jahren vor dem enormen Zufluss von deutsch-russischen Einwanderern in die Bundesrepublik Deutschland wurden sämtliche Maßnahmen getroffen, um zu verhindern, dass Menschen ohne deutsche Wurzeln in das Land einziehen können. Es wurden nur diejenigen Einwanderer in das Land hineingelassen, die eine nachweislich deutsche Abstammung besitzen und sich zu der deutschen Volksgruppe bekennen. Weiter war eine Bedingung, um die Russlanddeutschen aufzunehmen, dass sie relativ gute Kenntnisse in der deutschen Sprache besitzen und von der deutschen Kultur und Erziehung geprägt sein müssen. Aus diesem Grund prüfte man in vielen Stationen sorgfältig die Herkunft und die Eigenschaften der Einwanderer. So galt als erste Station, dass die Bundesrepublik Deutschland einen Antrag zur Einwanderung des jeweiligen Spätaussiedlers aus dem Herkunftsgebiet empfangen muss. Folglich wurden die Unterlagen der Einwanderer unter anderem auf eine vorhandene deutsche Abstammung geprüft und bei bestehendem Zweifel wurden weitere Beweise angefordert. Falls dies bestätigt wurde, führte man im Herkunftsgebiet einen

---

25 Ipsen-Peitzheimer, Sabina/ Kaiser, Markus: Zuhause fremd. Russlanddeutsche zwischen Deutschland und Russland, Bielefeld, 2006, S. 89

Sprachtest durch, um so die Einwanderung zu drosseln.[26] Bei einer erfolgreichen Durchführung wurden die Antragsunterlagen durch die Bundesländer geprüft. Falls diese dem Antrag zustimmten, wurden die Unterlagen wieder an das Bundesverwaltungsamt zurückgegeben, wobei das Bundesverwaltungsamt wieder bei einem nicht eindeutigen Fall weitere Beweise anfordern konnte. Falls jedoch alles korrekt verlief, wurde dem Antragsteller einen sogenannten „Aufnahmebescheid" erteilt und mit einem entsprechenden Visum konnte der Betroffene nach Deutschland umsiedeln. Der Aufnahmebescheid konnte jedoch auch abgelehnt werden, falls die Voraussetzungen an den Einwanderern nicht erfüllt wurden.[27]

## 5. Integrationshilfen

Man sah sich aus Sicht der Deutschen sozusagen durch ein Mit-/ und Schuldgefühl dazu gezwungen, den Russlanddeutschen eine gewisse Hilfestellung zu leisten. Dies geschah mit Sicherheit nicht nur auf einer sozialen Ebene, sondern man erdachte sich auch einen wirtschaftlichen Fortschritt, wenn man die Russlanddeutschen so schnell und gut wie möglich in ihre neue Heimat integriert. Aufgrund dessen einigte man sich auf eine Mitfinanzierung der Russlanddeutschen und es wurden verschiedene Integrationsmaßnahmen getroffen. Die angekommenen Spätaussiedler, welche eine Zustimmung auf die Anfrage auf Erteilung eines Aufnahmebescheides empfangen hatten, bekamen in Deutschland die sogenannte „pauschale Eingliederungshilfe". Die „pauschale Eingliederungshilfe" galt in den ersten sechs Monaten des Aufenthalts in Deutschland und war etwa so hoch wie die „Sozialhilfe". Diese wurde wesentlich dazu eingeführt, um die Gemeinden zu entlasten, die ansonsten den Spätaussiedlern Sozialhilfe leisten müssten. Weiter bekamen die Aussiedler eine Entschädigung, von etwa 4.000,- DM bzw. 6.000,- DM, die an den Folgen des Zweiten Weltkrieges zu leiden hatten. Auch zu unserer Zeit ist dies noch bei den nun angekommenen Spätaussiedlern der Fall: Die Russlanddeutschen, die vor dem 01.01.1946 geboren sind und unter den Folgen des Zweiten Weltkrieges zu leiden hatten, erhalten etwa 3.038 Euro; die vor dem 01.04.1956 geboren sind

---

26 Vgl. Karlin, Elisabeth/ Feustel, Natalie/ Sonntag, Anna: Die Russlanddeutschen. Deutsche Geschichte in Russland, o.O, o. J., S. 31
27 Vgl. Waffenschmidt, Horst: Integration deutscher Spätaussiedler in Deutschland, o.O., 1999, S. 3-5

und unter den Folgen des Zweiten Weltkrieges zu leiden hatten, bekommen etwa 2.046 Euro.[28] Anderweitig gab man damals den angekommenen Spätaussiedlern für sechs Monate Deutschkurse, um so eine gute Kommunikation zwischen Deutschen und Russlanddeutschen zu gewähren. Damit verbunden war aber auch zusätzlicher Schulunterricht für Kinder und eine besondere Integrationshilfe für Akademiker. Es wurden Organisationen gebildet, die ähnlich zu dem „Österreichischen Integrationsfonds" sind. Diese Organisation hilft beispielsweise bei der Integration junger Aussiedler mit. So wurde aber nicht nur eine Organisation gegründet, die eine bessere Integration ermöglicht, sondern es wurden auch Integrationswettbewerbe veranstaltet, bei denen Ideen verschiedener Zusammenschlüsse, die als Ziel besitzen, die Integration zu verbessern, ausgezeichnet wurden. Die älteren Spätaussiedler, die nicht wirklich fähig sind zu arbeiten, bekommen eine „Fremdrente", die 40% geringer ist als die Rente der Deutschen.[29]

## 6. Integrationsprobleme

Nach der Wiedervereinigung Deutschlands und den damit verbundenen Kosten fürchtete man sich vor den großen Einwanderwellen, von welchen man wusste, dass sie die Kosten weiter in die Höhe treiben würden. In einer Zeit in der die Wirtschaft Deutschlands ohnehin schwankte, betrachtete man die kommenden Einwanderer zuerst mehr als ein Problem für die deutsche Entwicklung. Man konnte es sich nicht leisten auch noch für Einwanderer zu sorgen, von denen man sich in erster Linie nicht viel versprach. Im Angesicht der bevorstehenden Ausgaben für Sprachstunden, Lernförderungen und anderer Integrationsmaßnahmen schien das Verfolgungsschicksal der Spätaussiedler fast vergessen zu sein und man besaß folglich die Meinung, dass die Russlanddeutschen „eher Wirtschaftsflüchtlinge, als heimkehrende Deutsche"[30] seien. Folglich führte das „Institut für interdisziplinäre Konflikt- und Gewaltforschung" der Universität Bielefeld zwischen November 1998 und Februar 1999 an verschiedenen Schulen und nordrhein-westfälischen Städten und

---

28  Vgl. http://www.bva.bund.de/DE/Organisation/Abteilungen/Abteilung_BT/Spaetaussiedler/
     eingliederungshilfe/eingliederungshilfe-node.html/ 14.02.2018
29  Vgl. Waffenschmidt, Horst: Integration deutscher Spätaussiedler in Deutschland, o.O., 1999,
     S. 5-7
30  Ipsen-Peitzheimer, Sabina/ Kaiser, Markus: Zuhause fremd. Russlanddeutsche zwischen
     Deutschland und Russland, Bielefeld, 2006, S. 89

Gemeinden Befragungen an jungen Spätaussiedlern durch. Man muss hierbei bedenken, dass die Untersuchungen zu relativ früher Zeit durchgeführt wurden und diese Probleme primär an der ersten Spätaussiedler Generation, also die Einwanderer, die noch in Russland geboren sind, festzustellen waren.[31] Dank den Untersuchungsergebnissen konnte man Integrationsdefizite feststellen und erkennen, wodurch die Defizite entstehen.

## 6.1 Sprach-/ und Lesekompetenz

Das erste und wahrscheinlich wichtigste Problem der russlanddeutschen Integration stellt die nicht vorhandene Sprach-/ und Lesekompetenz dar, die für eine gelungene Integration ausschlaggebend ist.[32] Nur 1,9 % der Befragten gaben an, dass sie bei ihrer Ankunft perfekt oder sehr gut Deutsch sprechen konnten, 6,7 % sprachen gut Deutsch und der Großteil besaß große Schwierigkeiten in der deutschen Sprache oder konnte überhaupt nicht Deutsch sprechen. Ein weiteres Problem ist die fehlende Lesekompetenz: 11,8 % der jungen Einwanderer gaben an, alles oder fast alles auf Deutsch lesen zu können, 11,5 % konnten viel lesen und ganze 69,7 % konnten kaum bis gar nicht lesen. Dies liegt vor allem daran, dass die Russlanddeutschen damals in Russland häufig dazu gezwungen wurden russisch zu sprechen und ihnen die deutsche Sprache komplett untersagt wurde.[33] Aber auch das Bestehen des Sprachtestes galt erst 1996 als eine notwendige Bedingung für eine Aufnahme in Deutschland, weshalb viele Russlanddeutsche ohne besondere deutsche Sprachkenntnisse in dem früheren Zeitraum von der Wiedervereinigung Deutschlands bis 1996 eine deutsche Staatsangehörigkeit bekamen.[34] Aber auch ab 1996 wurden bei weitem nicht bei allen Familienmitgliedern Sprachteste unterzogen, weshalb auch nach diesem Zeitpunkt eine Menge nur russisch sprechender Spätaussiedler ins Land kamen. Die zum größten Teil fehlende Sprach-/ und Lesefähigkeit ist damit zu begründen, dass viele Russlanddeutsche ihre eigene Sprache nicht aufgeben wollen und in ihrem eigenen Haushalt primär nur Russisch reden oder lesen, trotz deutscher

---

31 Ipsen-Peitzheimer, Sabina/ Kaiser, Markus: Zuhause fremd. Russlanddeutsche zwischen Deutschland und Russland, Bielefeld, 2006, S. 87
32 Vgl. Haug, Sonja: Sprachliche Integration von Migranten in Deutschland. o.O, 2008, S. 5
33 http://lmdr.de/vorurteile-und-tatsachen/ 01.02.2018
34 Vgl. Radenbach, Niklas/ Stephan, Viola/ Rosenthal, Gabriele: Brüchige Zugehörigkeiten. Wie sich Familien von "Russlanddeutschen" ihre Geschichte erzählen, Frankfurt am Main, 2011, S. 14

Sprachkurse. So gaben 76,4 % der Befragten an, immer noch mit der Familie im Haushalt russisch zu sprechen. Trotz der einsehenden schlechten Sprachkenntnisse und der fehlenden Lesefähigkeit der Russlanddeutschen wurden die Sprachkurse für die Spätaussiedler nach einiger Zeit reduziert. Diese Reduzierung der Sprachkurse führt nicht nur zu einem Hindernis für die Integration in die deutschen Kultur und Gemeinschaft, sondern auch zu einem erschwerten Zugang zum Arbeitsmarkt. [35]

## 6.2 Isolation
### 6.2.1 soziale Abschottung

Die fehlende Sprach/- und Lesekompetenz führte zu einem weiteren Problem, welches bis heute noch zu erkennen ist: die Isolation der Russlanddeutschen aus dem sozialen und kulturellen Bereich. Viele Russlanddeutsche konnten sich nicht mit der deutschen Kultur und Sprache identifizieren, weshalb sie sich folglich von dieser abgeschottet haben. Dementsprechend besaßen 61,5 % der Befragten nur oder hauptsächlich andere Spätaussiedler als Freunde. Dies liegt vor allem daran, dass jeder Mensch nur mit denjenigen Menschen eine Beziehung pflegt, die entweder eine ähnliche oder gleiche Kultur, gleiche Werte oder Sprache besitzen. [36]

### 6.2.2 Koloniebildung

Diese Isolation betrifft jedoch nicht nur den sozial-kulturellen Bereich, sondern vor allem den wohnlichen Bereich, welcher schwerwiegend für eine gelungene Integration ist. Die meisten Spätaussiedler zogen sich in Wohnorte zurück, in denen sich schon ihre Verwandtschaft angesiedelt hatte oder sich dort ansiedeln wollte. Diese Ansiedlung führt zu einer hohen Konzentration von Russlanddeutschen an einem Ort, was man folglich „Koloniebildung" nennt. [37] Anders als bei der „Ghettobildung" ist die „Koloniebildung" ein freiwilliger Akt des Zusammenziehens einzelner Migranten, welche die gleiche örtliche Herkunft oder Interessen besitzen. [38] So ziehen beispielsweise die meisten Russlanddeutschen zusammen in eine bestimmte Gegend, um dort eine Kirche

---

35  Vgl. Ipsen-Peitzheimer, Sabina/ Kaiser, Markus: Zuhause fremd. Russlanddeutsche zwischen Deutschland und Russland, Bielefeld, 2006, S. 95-96
36  Vgl. ebenda, S. 96
37  Vgl. ebenda, S. 129
38  Vgl. ebenda, S. 135

aufzubauen, in der sie ihre Konfession zusammen ausleben können und bilden eine eigene „ethnische Ökonomie mit Lebensmittelgeschäften, Rechtsberatern, Übersetzern, Werkstätten, Banken, Reisebüros usw.“[39].[40]

## 7. Vorurteile

Ein entscheidender Grund für die Exklusion der Russlanddeutschen sind die Vorurteile, die die einheimischen Deutschen gegenüber den Spätaussiedlern besaßen bzw. heute immer noch besitzen. Sie führen häufig nicht nur zu einer schlechten Integration, sondern sie bieten Anlass für Diskriminierung. Vorurteile entpuppen sich häufig als nicht korrekt; dennoch beeinflussen sie das Handeln der Einheimischen gegenüber den Einwanderern.

### 7.1 Kriminalität

Furcht hatte man nicht nur im Hinblick auf die wahrscheinlich schlechter werdende Wirtschaft, sondern man sah die Spätaussiedler aufgrund ihrer kulturellen Neigungen mehr als eine Bedrohung im sozialen Bereich an.

Viele Deutsche sträubten sich vor allem vor den jungen Spätaussiedlern, da man dachte, dass sie schnell gewalttätig werden oder diese stark Drogen konsumieren. Dieses Bild wurde nicht allzu wenig durch die Medien verbreitet. Das dies jedoch nicht stimmt, beweist das oben genannte Institut: nur 9,7 % der jungen Aussiedler gaben an, jemanden schon einmal schwer körperlich verletzt zu haben. Im Gegensatz dazu fügten 17,7 % der befragten einheimischen Deutschen eine andere Person schon einmal schwere Verletzungen zu. Dieses Verhalten der Russlanddeutschen entsteht häufig nicht durch die allgemeinen Werte, Erziehung oder ihrer Kultur, sondern die meisten kriminellen Aussiedler leben häufig in schlechten städtischen Umgebungen oder sind Mitglied eines kriminellen Freundeskreises, in dem Gewalt gefördert wird. Dies ist jedoch bei einheimischen Deutschen mit ähnlicher Lage nicht anders. Ein weiterer Grund für eine höhere Kriminalität wäre eine verhältnismäßig schlechtere Bildung, durch die man wenig Hoffnung auf eine erfolgreiche Karrierelaufbahn besitzt, weshalb man Gewalt folglich zugeneigt ist. Aber auch dies kann man auf keinen Fall auf die

---

39 Ipsen-Peitzheimer, Sabina/ Kaiser, Markus: Zuhause fremd. Russlanddeutsche zwischen Deutschland und Russland, Bielefeld, 2006, S. 136
40 Vgl. ebenda, S. 137-138

Allgemeinheit der russlanddeutschen Bürger beziehen, da Deutsche ebenso davon betroffen sind.[41]

## 7.2 Leben auf Kosten des Staates

Vielen Russlanddeutschen wurde damals vorgeworfen, dass ihnen das Leben in Deutschland zu stark erleichtert wurde, da ihnen beispielsweise ein Teil des Hausbaues finanziert worden wäre, sie eine Menge Geld vom Staat empfangen würden und Rente erhalten, ohne in die Rentenkasse eingezahlt zu haben. Das weise erhebliche Vorteile und Privilegien auf, die die einheimischen Deutschen nicht besitzen.

### 7.2.1 Reichtum

Jedoch sieht die Realität anders aus: weniger als die Hälfte der befragten Russlanddeutschen beurteilten die finanzielle Lage ihrer Familie als sehr gut oder gut ein (44,6 %), während 59 % der befragten Deutschen die finanzielle Situation ihrer Familie als gut oder sehr gut einschätzten. Gleichartig ist es auch mit der Beurteilung der eigenen Finanzen: 39,6 % der Russlanddeutschen gaben an, dass sie denken, dass sich Deutsche mehr leisten könnten als sie selber, während nur 19,4 % der Deutschen denken, dass sie sich weniger leisten könnten.[42]

### 7.2.2 Rente

Genauso verhält es sich auch mit der Rente der Russlanddeutschen. Zwar bekamen die älteren Einwanderer, die zur Arbeit unfähig waren, eine „Fremdrente" ohne jemals in Deutschland gearbeitet zu haben; jedoch besitzen die meisten Russlanddeutschen Einwanderer eine Vielzahl von Kindern, die wiederum in die Rentenkasse einzahlen. Vor allem der Kinderreichtum in russlanddeutschen Familien scheint im Angesicht des deutschen Bevölkerungsrückganges und den aufkommenden Problemen des Rentensystems ein Segen zu sein, da sie dieses Rentensystem vorerst stabilisiert haben: 90 % der Russlanddeutschen Bevölkerung in Deutschland sind unter 60 Jahren und damit fähig, in der gegenwärtigen oder auch zukünftigen Zeit in die Rentenkasse

---

41  Vgl. Ipsen-Peitzheimer, Sabina/ Kaiser, Markus: Zuhause fremd. Russlanddeutsche zwischen Deutschland und Russland, Bielefeld, 2006, S. 102-104
42  Vgl. ebenda, S. 97

einzuzahlen, während nur 78 % der einheimischen Deutschen unter 60 Jahren sind.

## 7.2.3 Häuserbau

Dass der Staat die Kosten des Häuserbaus übernommen hätte, entspricht ebenfalls nicht der Wahrheit: Eine komplette Finanzierung vonseiten des Staates gibt es in Deutschland nicht und auch zinslose Kredite von der Bank sind nicht möglich. Der Grund, warum sich so viele Spätaussiedler schnell ein Haus gebaut hatten, lag viel mehr an der Familiengröße. Da die Spätaussiedler häufig eine große Anzahl an Kindern besaßen, war das Leben in einer einfachen Wohnung fast unmöglich. So beschlossen sich die meisten Einwanderer schnell dazu, ihr Glück selber in die Hand zu nehmen und nahmen Kredite von Banken auf. Um diese Kredite abbezahlen zu können, verzichteten die meisten Spätaussiedler nicht nur auf teuren Luxus und Urlaub, sondern halfen sich dank ihres handwerklichen Geschicks häufig gegenseitig, was den starken Zusammenhalt und die Hilfsbereitschaft der Russlanddeutschen demonstriert. Dadurch also, dass sie ihre Häuser zum größten Teil selber bauten, mussten sie keine Firma bezahlen, die das übernehmen würde. So hielten sie die Kosten durch körperliche Arbeit gering. Dass sich viele Russlanddeutsche so schnell ein Haus bauen konnten liegt also viel mehr an der  Risikobereitschaft der Spätaussiedler und der handwerklichen Erfahrung als an der Mitfinanzierung des Staates.[43]

## 8. Beispiele gelungener Integration

Neben den Integrationsproblemen können wir uns aber auch verschiedene Bereiche ansehen, in denen die Integration gut verlaufen ist. Um zu erkennen, in welchen Bereichen genau die Integration gut verlaufen ist, müssen wir einen längeren Zeitraum betrachten, da die Merkmale einer guten Integration häufig erst in der zweiten Generation zu sehen sind. Zuerst einmal können wir feststellen, dass die meisten Integrationsprobleme in der ersten Generation, also die Einwanderer ab etwa 1990, heutzutage kaum mehr zu finden sind.[44] Vor allem die zweite Generation scheint sehr gut in die Wirtschaft und Gesellschaft integriert zu

---

43  http://lmdr.de/vorurteile-und-tatsachen/ 14.02.2018
44  https://www.drk-suchdienst.de/de/publikationen/newsletter/drk-suchdienst-newsletter-ausgabe-32016-oktober-2016/russlanddeutsche/ 15.02.2018

sein. Die meisten Einwanderer scheinen keine finanziellen Probleme mehr zu besitzen, da viele heutzutage zu der Mittelschicht gehören und auch häufig hochqualifiziert sind, weshalb auch das Einkommen auf ein hohes Niveau liegt. Diese Annahme zeichnet sich in dem Bildungsgrad der zweiten Generation der Spätaussiedler ab: im Bereich Ausbildung, Schulabschlüsse und Anzahl der Studierenden sind sie kaum von den einheimischen Deutschen zu unterscheiden und besser „integriert als andere Zuwanderergruppen"[45]. Viele Russlanddeutsche legen nämlich Wert auf eine gute Bildung für ihre in Deutschland geborenen Kinder, damit diese eine gute Arbeit im zukünftigen Leben finden. Aus diesem Grund liegt auch die Erwerbsquote fast so hoch wie bei den Einheimischen, da die deutschen Spätaussiedler eine niedrige Arbeitslosigkeit aufzeigen.[46] Von diesem Ergebnis aus kann man sagen, dass sich die Spätaussiedler nach einer kurzen Eingewöhnungsphase in den Arbeitsmarkt gut eingegliedert haben. Überwiegend machte sich die erste Generation häufig selbstständig, da die meisten ihrer Qualifikationen, die sie in Russland erworben hatten, in Deutschland nicht mehr galten.[47] So minderten die selbstständigen Russlanddeutschen den Mangel an handwerklichen Fachkräften. Weiter führte der Kinderreichtum der Russlanddeutschen, wie bereits angeschnitten, zu einem Aufschwung in dem wirtschaftlichen Sektor und auch in der immer kleiner werdenden deutschen Bevölkerung.[48]

## 9. Fazit

Um im Anbetracht der Ergebnisse dieser Facharbeit ein Fazit zu ziehen, müssen wir uns in das Gedächtnis rufen, dass alle Russlanddeutschen nicht gleich gut integriert sind. In manchen Stadtteilen in Deutschland mögen manche Spätaussiedler besser integriert sein, in anderen Stadtteilen wesentlich schlechter. Hinzu kommt ebenfalls, dass wir uns für ein allgemeingültiges Fazit den gesamten Zeitraum von 1990 bis heute ansehen müssen und uns nicht auf einzelne Zeitpunkte fokussieren können, da man erkennen kann, dass die zweite

---

45 http://deutscheausrussland.de/2017/05/24/integration-der-deutschen-aus-russland-zahlen-daten-fakten/ 08.02.2018
46 https://www.bpb.de/gesellschaft/migration/russlanddeutsche/249842/geschichte-der-russlanddeutschen-ab-mitte-der-1980er-jahre/ 08.02.2018
47 https://www.evangelisch.de/inhalte/81453/08-04-2013/migrationsforscher-russlanddeutsche-inzwischen-gut-integriert/ 08.02.2018
48 https://www.tagesschau.de/inland/aussiedlerinterview100.html/ 08.02.2018

Generation der Russlanddeutschen wesentlich besser integriert ist als die erste.

Wir treffen neben dem Zeitraum auch auf ein weiteres Problem, welches das Fazit einschränkt. Um festzustellen, ob die Remigration gelungen ist oder nicht, können wir uns nicht einzelne Bereiche ansehen, da die Remigration auch in verschiedenen Bereichen unterschiedlich gut verlaufen ist. Deshalb wollen wir uns vor allem zwei Bereichen widmen: die sozial-gesellschaftliche und die wirtschaftliche Integration.

Zu aller erst können wir feststellen, dass die Russlanddeutschen eine der „schwierigsten Zuwanderer[gruppen]" waren und zum Teil noch immer sind, „unter anderem weil sie hier zu Lande häufig eine geschlossene Gruppe bildeten"[49]. Die Abschottung der Russlanddeutschen im sozial-kulturellen Bereich stellt wohl das größte Problem der Remigration dar. In diesem Bereich kann man mit Sicherheit sagen, dass die Integration schlecht verlief und das Einbinden der Einwanderer in den sozialen Strukturen fehlgeschlagen ist. Jedoch muss man hier anmerken, dass es in der zweiten Generation weitaus besser aussieht: sie ziehen häufig aus eigenem Willen und auch aus beruflichen Gründen in Städten hinein, welches die soziale Integration fördert. Dies kommt dadurch zustande, dass sich die Russlanddeutschen seit dem Tag ihrer Ankunft fast schon perfekt in das wirtschaftliche System eingegliedert haben. Trotz anfänglicher Schwierigkeiten konnten sich die Einwanderer und ihre Kinder an den deutschen Arbeitsmarkt gewöhnen und durch eine gebildetere zweite Generation sogar dem Niveau der allgemeinen Mittelschicht nähern. Sie brachten Deutschland ebenfalls durch ihr handwerkliches Können und ihrer vielen Kinder eine Unterstützung in dem Wirtschafts-/ als auch Rentensystem. Grund dafür waren primär die Integrationshilfen des Staates, die man ebenfalls als gelungen betrachten kann. So wurden die Einwanderer beispielsweise durch Sprachkurse und etlichen Finanzierungen auf den Arbeitsmarkt und das Zusammenleben mit anderen Deutschen vorbereitet.

Darum kann man abschließend sagen, dass die Remigration, vor allem im Vergleich zu anderen Einwanderergruppen, sehr wohl gelungen ist, sie jedoch noch einige Schwächen aufzeigt, die sich aber von Zeit zu Zeit sehr wahrscheinlich mindern werden.

---

49 Ipsen-Peitzheimer, Sabina/ Kaiser, Markus: Zuhause fremd. Russlanddeutsche zwischen Deutschland und Russland, Bielefeld, 2006, S. 130

# 10. Literatur- und Quellennachweis

**fachwissenschaftliche Werke:**

- Petrova, Alena: Zur kulturellen Identität der Russlanddeutschen, o.O., o.J.
- Karlin, Elisabeth/ Feustel, Natalie/ Sonntag, Anna: Die Russlanddeutschen. Deutsche Geschichte in Russland, o.O, o. J.
- Radenbach, Niklas/ Stephan, Viola/ Rosenthal, Gabriele: Brüchige Zugehörigkeiten. Wie sich Familien von "Russlanddeutschen" ihre Geschichte erzählen, Frankfurt am Main, 2011
- Frank, Fabian: Soziale Netzwerke von (Spät-)Aussiedlern. Eine Analyse sozialer Unterstützung aus sozialarbeiterischer Perspektive, Freiburg, 2011
- Waffenschmidt, Horst: Integration deutscher Spätaussiedler in Deutschland, o.O., 1999
- Ipsen-Peitzheimer, Sabina/ Kaiser, Markus: Zuhause fremd. Russlanddeutsche zwischen Deutschland und Russland, Bielefeld, 2006
- Haug, Sonja: Sprachliche Integration von Migranten in Deutschland. o.O, 2008

**Internetadressen:**

- http://www.bpb.de/gesellschaft/migration/russlanddeutsche/249842/geschichte-der-russlanddeutschen-ab-mitte-der-1980er-jahre/
- http://www.dw.com/de/russlanddeutsche-und-katharina-die-gro%C3%9Fe/a-16960108;
- http://wolgadeutsche.org/katharina-die-grosse-und-das-einladungsmanifest/
- http://www.bpb.de/gesellschaft/migration/dossier-migration/56417/russlanddeutsche?p=all/
- http://www.bpb.de/gesellschaft/migration/russlanddeutsche/252006/von-der-anwerbung-unter-katharina-ii-bis-1917
- http://www.kfi.nrw.de/zuwanderung/Aufnahmeverfahren_Spaetaussiedler/Geschichte_Russlanddeutsche/index.php/
- http://www.russlanddeutschegeschichte.de/geschichte/teil3/stalin/entkula.htm/
- https://mbook.schule/rd/mbook/7-neuere-und-neueste-geschichte-der-russlanddeutschen/

- https://www.youtube.com/watch?v=rLzxQYxaJXg
- http://www.bva.bund.de/DE/Organisation/Abteilungen/Abteilung_BT/Spa etaussiedler/ eingliederungshilfe/eingliederungshilfe-node.html/
- http://lmdr.de/vorurteile-und-tatsachen/
- https://www.drk-suchdienst.de/de/publikationen/newsletter/drk-suchdienst-newsletter-ausgabe-32016-oktober-2016/russlanddeutsche
- http://deutscheausrussland.de/2017/05/24/integration-der-deutschen-aus-russland-zahlen-daten-fakten/
- https://www.evangelisch.de/inhalte/81453/08-04-2013/migrationsforscher-russlanddeutsche-inzwischen-gut-integriert/
- https://www.tagesschau.de/inland/aussiedlerinterview100.html/
- http://www.deutsch-tuerkische-nachrichten.de/2013/07/482247/aussiedler-sind-enttaeuscht-dort-waren-wir-deutsche-hier-sind-wir-russen/